나의 소개서

KB062476

이름:

💚 생일 : 20   년   월   일 (양/음)   나이   살

● 학교 :   초등학교   학년   반   번

● 좌우명 :

● 롤모델 :

● 나의 꿈 :

● 소중한 사람들 :

● 자주쓰는 말 :

● 버릇 :

● 취미 :

● 제일 잘 하는 것 :

● 제일 좋아하는 것 :

● 제일 싫어하는 것 :

꿈을 향한 나의 목표

화이팅!!

나는   (하)고   한

(이)가 될거예요!

공부의 목표

예체능의 목표

생활의 목표

건강의 목표

나의 목표를 꼼꼼히 세우고, 목표를 달성하기위해 노력해요^^

으쌰 으쌰!

목표를 향한 **나의 실천계획**

♥ 공부의 목표를 달성하기 위해

1.

2.

3.

할거예요.

🍎 예체능의 목표를 달성하기 위해

1.

2.

3.

할거예요.

🚀 생활의 목표를 달성하기 위해

1.

2.

3.

할거예요.

🐤 건강의 목표를 달성하기 위해

1.

2.

3.

할거예요.

 나의 목표를 꼼꼼히 세우고, 목표를 달성하기위해 노력해요^^

HAPPY 꿈을 향한 나의 일정표

월

SUN	MON	TUE	WED	THU	FRI	SAT

메모 하세요!

-
-
-
-

월

SUN	MON	TUE	WED	THU	FRI	SAT

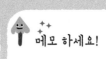

메모 하세요!

-
-
-
-

하루 10분 알파벳 영단어 따라쓰기

하루10분 학습법 시리즈의 **소개**

공부하는 습관이 생기는 하루10분 알파벳으로 영어에 흥미를 느끼세요 !!!
아무리 좋은 교육을 받아도 스스로 학습하지 않으면 발전할 수 없습니다.
부담없는 "아침5분" 시리즈와 기본을 익히는 "하루10분" 시리즈로
스스로 공부하는 습관을 만들어 보세요 !!!

하루10분 학습법 시리즈의 **활용**

1. 아침 학교 가기 전 집에서 하루를 준비하세요.
2. 등교 후 1교시 수업 전 학교에서 풀고, 수업 준비를 완료하세요.
3. 하교 후 정한 시간에 책상에 앉고 이 교재를 학습하세요 !!!

하루10분 알파벳은 영어를 시작하는 학생들에게
알파벳송을 부르며 재미있게 접할 수 있어, 영어에 흥미를 느끼게 해줍니다.
알파벳을 다 알고, 쉬운 영단어를 철자와 같이 익히도록 구성되어 있습니다.
하루10분 알파벳으로 영어를 재미있게 시작해 보세요 !!!
이제 시작합니다 !!!

이 책의 차례

책상에 붙여서 소리내 불러 보세요 !!

Lessen 1 알파벳 따라쓰기

알파벳송을 불러봅니다.

들어가기 전에 3절까지 3번 불러보세요 !!!

하루 10분
알파벳 영단어
대문자
소문자

(1절)	A B C D	E F G	H I J K	L M N O P
(2절)	에이 비 씨 디	이 에프 쥐	에이취 아이 제이 케이	엘 엠 엔 오 피
(3절)	a b c d	e f g	h i j k	l m n o p

	Q R S	T U V	W — — X	Y AND Z
	큐 알 에스	티 유 브이	더 블 유 엑스	와이 앤드 지
	q r s	t u v	w — — x	y and z

(1절) Now I know my　A B C's　　next time won't you　sing with me?
　　　나우 아이 노우 마이　에이 비 씨'ᵎ　　넥스트 타임 원트 유　쌩 위드 미
　　　이제 알아 ABC　　　　　나와 함께 노래 부르자! (다음에 나하고 노래부를래?)

(2절) Now I know my　A B C's　　Tell me what you　think of me
　　　나우 아이 노우 마이　에이 비 씨'ᵎ　　텔 미 왓 유　쌩 오브 미
　　　이제 알아 ABC　　　　　잘했다고 칭찬해줘. (나에 대해 말해봐)

(3절) Happy Happy　I am Happy　　I can sing my　A B C's
　　　해 피 해 피　아 앰 해피　　아이 캔 싱 마이　에이 비 씨'ᵎ
　　　행복 행복 나는 행복해　　　나는 알아 ABC. (ABC노래 부를수 있어)

A B C D E F G H I J K L M N O P Q R S T U V W X Y Z

"빅 에이"라고 읽으며 쓰는 순서를 잘 보고 따라 쓰세요.

① **A**

에이

A A A A A A

에이

빅 에이

└ "빅"은 "Big 크다, 큰"이라는 뜻입니다. "빅 에이 = Big A = 대문자 에이"라는 말입니다.

A A A A A A A A

Apple
애플

a b c d e f g h i j k l m n o p q r s t u v w x y z

a

에이

a a a a a a

에이

스몰 에이

└ "스몰"은 "Small 작다, 작은"이라는 뜻입니다. "스몰 에이 = Small a = 소문자 에이"라는 말입니다.

a a a a a a a a

ant
앤트

A B C D E F G H I J K L M N O P Q R S T U V W X Y Z

B
비

Banana
버내너

B로 시작하는 대표 영단어입니다.
단어의 첫 글자는 대문자로 쓸 수도 있습니다.
소문자로 쓸 때와 뜻은 똑같습니다.

B B B B B B

비

빅 비

B B B B B B B B

a b c d e f g h i j k l m n o p q r s t u v w x y z

b
비

bear
베어

"베어"라고 적은 것은 영어 발음을 우리말로 적은 것입니다.
정확한 발음은 뒷부분 영단어 배울 때 배우도록 합니다.

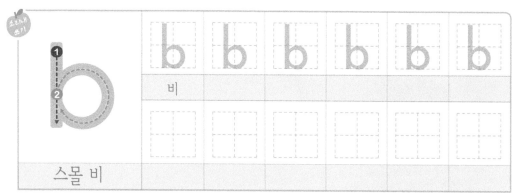

비

스몰 비

b b b b b b b b

A B <u>C</u> D E F G H I J K L M N O P Q R S T U V W X Y Z

③

C
씨

소리내 쓰기

C ①

	C	C	C	C	C	C
	씨					
빅 씨						

C C C C C C C C

Candy
캔디

└ 문장의 첫글자는 꼭 대문자로 적어야 합니다.
  강조하고 싶은 단어는 대문자로 적어도 됩니다.

a b <u>c</u> d e f g h i j k l m n o p q r s t u v w x y z

c
씨

소리내 쓰기

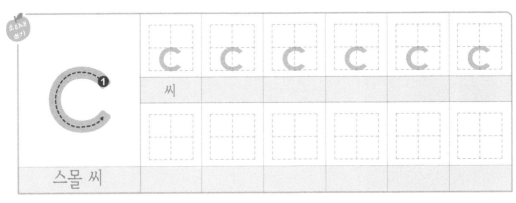

c ①

	c	c	c	c	c	c
	씨					
스몰 씨						

c c c c c c c c

cat
캣

└ 문장의 첫글자 이외의 글자는 모두 소문자로 적습니다.
  단어의 첫글자는 대문자로 적어도 되고, 소문자로 적어도 됩니다.

A B C <u>D</u> E F G H I J K L M N O P Q R S T U V W X Y Z

④ **D**
디

소리내
쓰기

D D D D D D

디

빅 디

D D D D D D D D

Dessert
디저어트

a b c <u>d</u> e f g h i j k l m n o p q r s t u v w x y z

d
디

소리내
쓰기

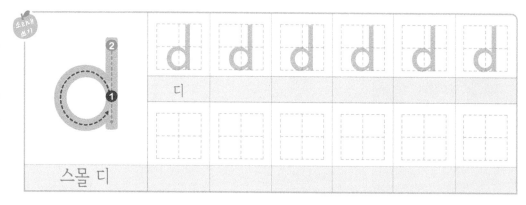

디

스몰 디

d d d d d d d d

dog
도그

A B C D **E** F G H I J K L M N O P Q R S T U V W X Y Z

⑤

E
이

Egg
에그

소리내 쓰기

① ② → E
③ →
④ →

E E E E E E

이

빅 이

E E E E E E E E E

a b c d **e** f g h i j k l m n o p q r s t u v w x y z

e
이

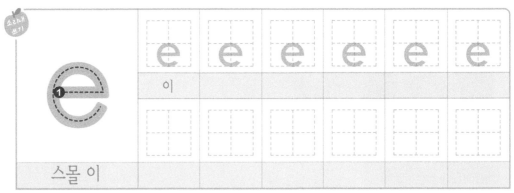

소리내 쓰기

① e

이

스몰 이

e e e e e e e e

eagle
이-글

A B C D E **F** G H I J K L M N O P Q R S T U V W X Y Z

⑥ F
에프

F	F	F	F	F	F
에프					
빅 에프					

Flower
플라워

F F F F F F F F F

a b c d e **f** g h i j k l m n o p q r s t u v w x y z

f
에프

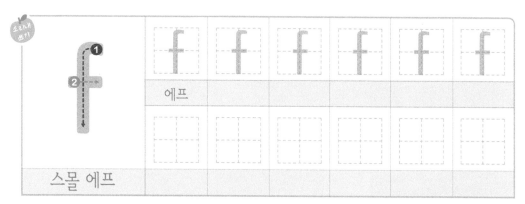

f	f	f	f	f	f
에프					
스몰 에프					

fish
피쉬

f f f f f f f f f

A B C D E F <u>G</u> H I J K L M N O P Q R S T U V W X Y Z

⑦ **G**
쥐

소리내 쓰기

G ② → ①

	G	G	G	G	G	G
쥐						
빅 쥐						

G G G G G G G G

Grape
그레이프

a b c d e f <u>g</u> h i j k l m n o p q r s t u v w x y z

g
쥐

소리내 쓰기

g ①

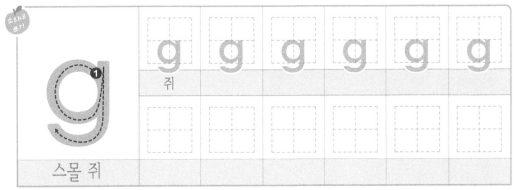

	g	g	g	g	g	g
쥐						
스몰 쥐						

g g g g g g g g g

gorilla
고릴라

A B C D E F G H I J K L M N O P Q R S T U V W X Y Z

| 에이 | 비 | 씨 | 디 | 이 | 에프 | 쥐 |

※ 글을 적을때는
마음에 여유를 두고
천천히 정성들여 적습니다.

a b c d e f g h i j k l m n o p q r s t u v w x y z

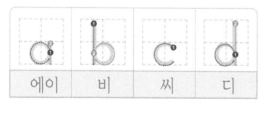

| 에이 | 비 | 씨 | 디 | 이 | 에프 | 쥐 |

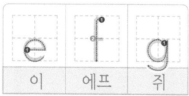

※ 힘있는 말과 같이
또박또박 잘 적은 글도
전달이 잘되고,
글에 힘이 생깁니다.

📅 Mon 월 일
🕐 시

A B C D E F G H I J K L M N O P Q R S T U V W X Y Z
a b c d e f g

🍎 소리내 풀기 소문자를 보고 대문자와 알파벳의 이름을 적어보세요 !

소문자	대문자	이름
a		
b		
d		

소문자	대문자	이름
e		
f		
g		

🍎 소리내 풀기 대문자를 보고 소문자와 알파벳의 이름을 적어보세요 !

대문자	소문자	이름
A		
B		
C		

대문자	소문자	이름
D		
F		
G		

A~G 복습하기 (2)

a b c d e f g h i j k l m n o p q r s t u v w x y z
A B C D E F G

소리내 풀기 관계있는 것끼리 줄을 그어 보세요 !

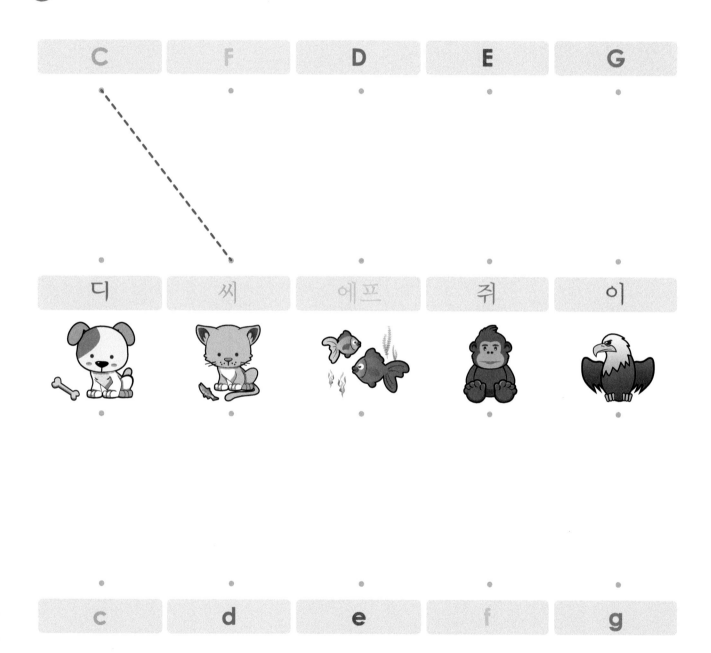

C   F   D   E   G

디   씨   에프   쥐   이

c   d   e   f   g

A B C D E F G **H** I J K L M N O P Q R S T U V W X Y Z

에이취

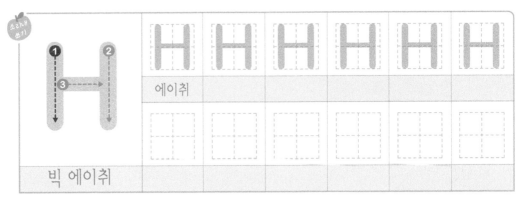

에이취

빅 에이취

Honey
허니

H H H H H H H H H

---

a b c d e f g **h** i j k l m n o p q r s t u v w x y z

에이취

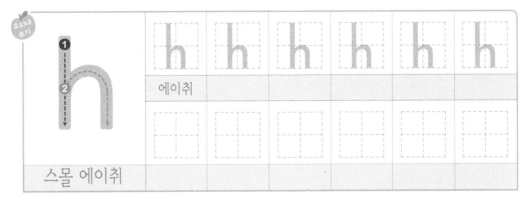

에이취

스몰 에이취

horse
호-스

h h h h h h h h

20

A B C D E F G H <u>I</u> J K L M N O P Q R S T U V W X Y Z

I

아이

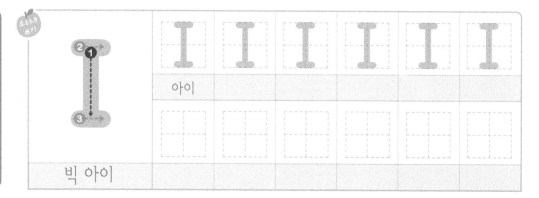

아이

빅 아이

Ice
아이스

I I I I I I I I

a b c d e f g h <u>i</u> j k l m n o p q r s t u v w x y z

i

아이

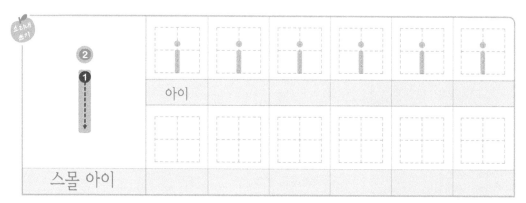

아이

스몰 아이

ink
잉크

A B C D E F G H I J K L M N O P Q R S T U V W X Y Z

⑩

J
제이

소리내 쓰기

①→②

J

제이

빅 제이

J J J J J J

Juice
쥬스

J J J J J J J J

a b c d e f g h i j k l m n o p q r s t u v w x y z

j
제이

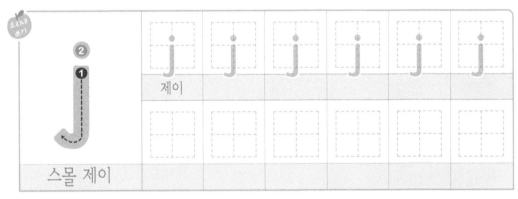

소리내 쓰기

②
①

j

제이

스몰 제이

jaguar
재규어

A B C D E F G H I J **K** L M N O P Q R S T U V W X Y Z

⑪
K
케이

Ketchup
케첩

소리내
쓰기

K

K K K K K K

케이

빅 케이

K K K K K K K K

a b c d e f g h i j **k** l m n o p q r s t u v w x y z

k
케이

koala
코우알라

소리내
쓰기

k

k k k k k k

케이

스몰 케이

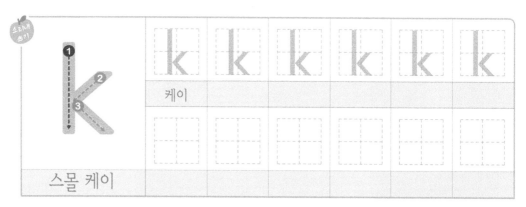

k k k k k k k k

A B C D E F G H I J K **L** M N O P Q R S T U V W X Y Z

⑫

L

엘

Lemon
레몬

소리내 쓰기

①

엘

빅 엘

L L L L L L

---

a b c d e f g h i j k **l** m n o p q r s t u v w x y z

l

엘

lion
라이언

소리내 쓰기

①

엘

스몰 엘

A B C D E F G H I J K L **M** N O P Q R S T U V W X Y Z

⑬

M

엠

빅 엠

M M M M M M

엠

Milk
밀크

M M M M M M M

a b c d e f g h i j k l **m** n o p q r s t u v w x y z

m

엠

m m m m m m

엠

스몰 엠

monkey
멍키

m m m m m m m

A B C D E F G H I J K L M **N** O P Q R S T U V W X Y Z

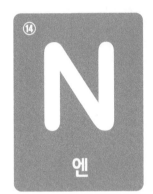

⑭
N
엔

소리내 쓰기

N N N N N N

엔

빅엔

Noodle
누-들

N N N N N N N N

a b c d e f g h i j k l m **n** o p q r s t u v w x y z

n
엔

소리내 쓰기

n n n n n n

엔

스몰 엔

note
노-트

A B C D E F G H I J K L M N **O** P Q R S T U V W X Y Z

⑮ O
오우

Orange
오-린쥐

O ①

오우

빅 오우

O O O O O O O O

a b c d e f g h i j k l m n **o** p q r s t u v w x y z

o
오우

octopus
악터퍼스

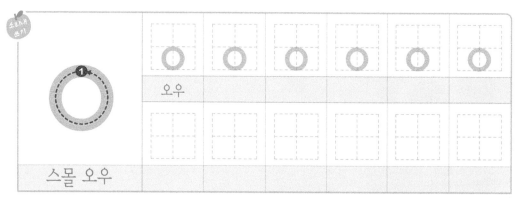

o ①

오우

스몰 오우

o o o o o o o o

A B C D E F G H I J K L M N O **P** Q R S T U V W X Y Z

⑯ P
피

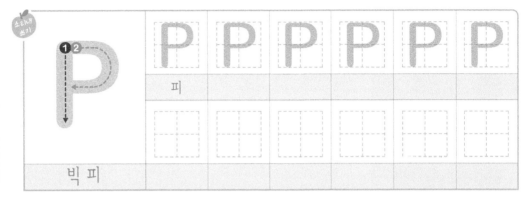

P P P P P P
피

빅 피

Potato
포테이토-

P P P P P P

---

a b c d e f g h i j k l m n o **p** q r s t u v w x y z

p
피

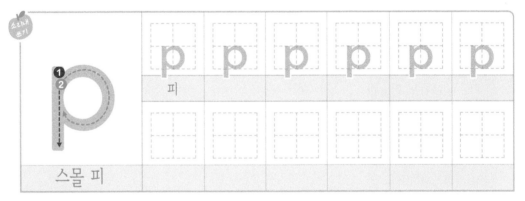

p p p p p p
피

스몰 피

pig
피그

p p p p p p

28

확인

A B C D E F G **H I J K** L **M N O P** Q R S T U V W X Y Z

H	I	J	K	L	M	N	O	P
에이취	아이	제이	케이	엘	엠	엔	오	피

H I J K L M N O P

H I J K L M N O P

a b c d e f g **h i j k** l **m n o p** q r s t u v w x y z

h	i	j	k	l	m	n	o	p
에이취	아이	제이	케이	엘	엠	엔	오	피

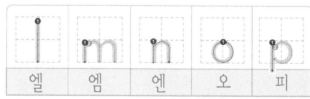

h i j k l m n o p

h i j k l m n o p

A B C D E F G **H I J K L M N O P** Q R S T U V W X Y Z
h i j k l m n o p

🍎 소문자를 보고 대문자와 알파벳의 이름을 적어보세요 !

소문자	대문자	이름
h		
i		
j		

소문자	대문자	이름
k		
l		
m		

🍎 대문자를 보고 소문자와 알파벳의 이름을 적어보세요 !

대문자	소문자	이름
H		
J		
K		

대문자	소문자	이름
N		
O		
P		

확인

a b c d e f g **h i j k l m n o p** q r s t u v w x y z
H I J K L M N O P

관계있는 것끼리 줄을 그어 보세요 !

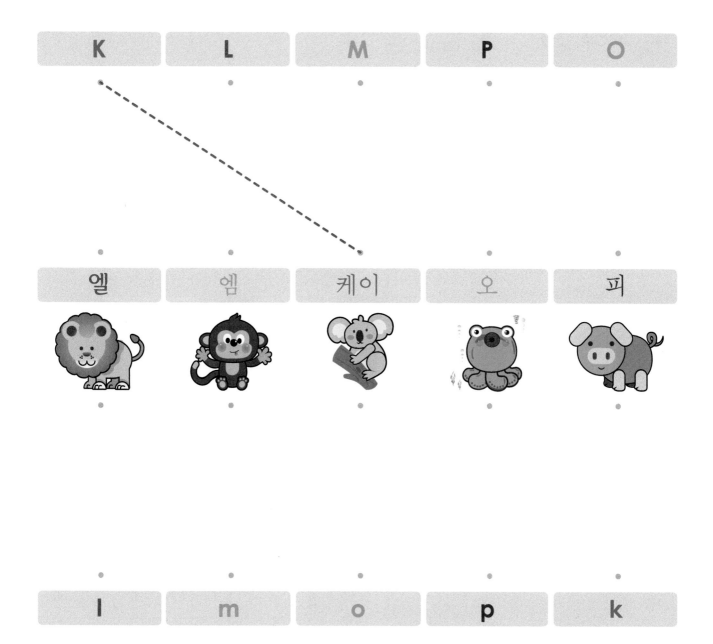

K	L	M	P	O

엘	엠	케이	오	피

l	m	o	p	k

A B C D E F G H I J K L M N O P **Q** R S T U V W X Y Z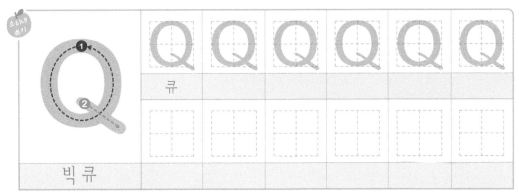

⑰

Q
큐

Q Q Q Q Q Q

큐

빅 큐

Quiz
퀴즈

Q Q Q Q Q Q Q Q Q

a b c d e f g h i j k l m n o p **q** r s t u v w x y z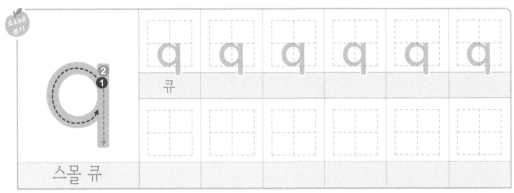

q
큐

q q q q q q

큐

스몰 큐

queen
퀴인

q q q q q q q q

A B C D E F G H I J K L M N O P Q <u>R</u> S T U V W X Y Z

⑱

R
알

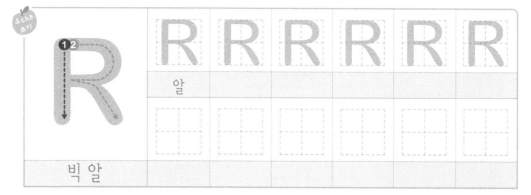

빅알

R R R R R R

알

Rose
로우즈

R R R R R R

a b c d e f g h i j k l m n o p q <u>r</u> s t u v w x y z

r
알

r r r r r r

알

스몰알

rabbit
레비트

r r r r r r r r r

월 일

시

A B C D E F G H I J K L M N O P Q R <u>S</u> T U V W X Y Z

⑲ S
에스

소리내 쓰기

S	S	S	S	S	S
에스					
빅 에스					

S S S S S S S

Sandwich
샌드위치

---

a b c d e f g h i j k l m n o p q r <u>s</u> t u v w x y z

s
에스

소리내 쓰기

s	s	s	s	s	s
에스					
스몰 에스					

s s s s s s s

snake
스네이크

A B C D E F G H I J K L M N O P Q R S **T** U V W X Y Z

⑳ T
티

소리내 쓰기

①----②----→

티

빅 티

Tree
트리-

a b c d e f g h i j k l m n o p q r s **t** u v w x y z

t
티

소리내 쓰기

② ←
①

티

스몰 티

tiger
타이거

월 일
시

A B C D E F G H I J K L M N O P Q R S T <u>U</u> V W X Y Z

㉑ U
유

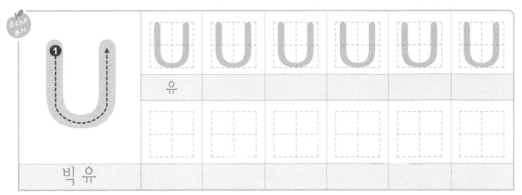

유

빅 유

Unicorn
유니콘

a b c d e f g h i j k l m n o p q r s t <u>u</u> v w x y z

u
유

유

스몰 유

umbrella
엄브렐라

A B C D E F G H I J K L M N O P Q R S T U <u>V</u> W X Y Z

㉒

V

브이

Vase
베이스

브이

빅 브이

a b c d e f g h i j k l m n o p q r s t u <u>v</u> w x y z

v

브이

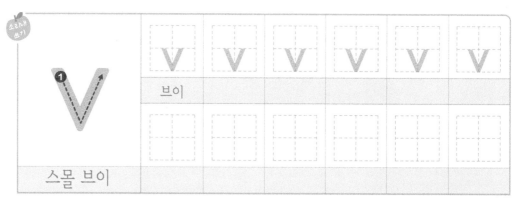

브이

스몰 브이

victory
빅토리

A B C D E F G H I J K L M N O P Q R S T U V **W** X Y Z

㉓ **W**
더블유

소리내쓰기

W

더블유

빅 더블유

Water
워-터

W W W W W W W

a b c d e f g h i j k l m n o p q r s t u v **w** x y z

w
더블유

소리내쓰기

w

더블유

스몰 더블유

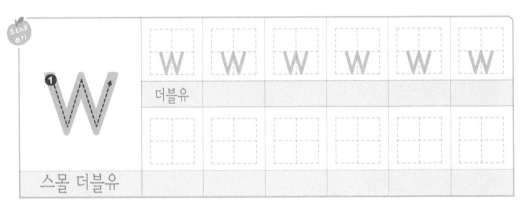

wolf
울프

A B C D E F G H I J K L M N O P Q R S T U V W <u>X</u> Y Z

㉔

X

엑스

소리내쓰기

① X ②

빅 엑스

	X	X	X	X	X	X
엑스						

taxi
택시

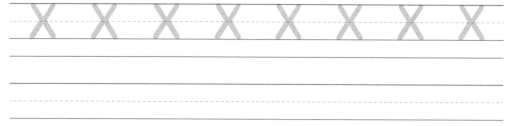

X X X X X X X X

a b c d e f g h i j k l m n o p q r s t u v w <u>x</u> y z

x

엑스

소리내쓰기

① x ②

스몰 엑스

	x	x	x	x	x	x
엑스						

fox
팍스

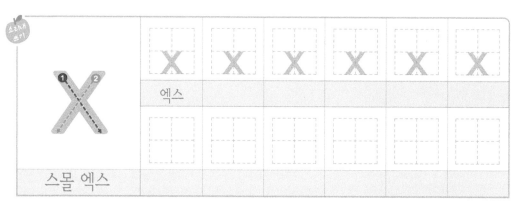

x x x x x x x x

A B C D E F G H I J K L M N O P Q R S T U V W X <u>Y</u> Z

Y

와이

소리내 쓰기

Y

① ②

Y Y Y Y Y Y

와이

빅 와이

Y Y Y Y Y Y Y Y

Yogurt
요거트

---

a b c d e f g h i j k l m n o p q r s t u v w x <u>y</u> z

y

와이

소리내 쓰기

y

① ②

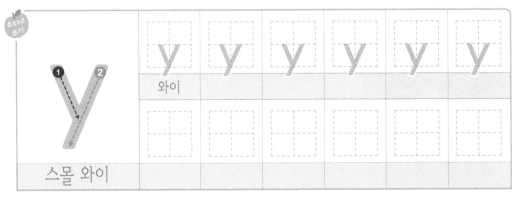

y y y y y y

와이

스몰 와이

y y y y y y y y

yacht
요트

확인

A B C D E F G H I J K L M N O P Q R S T U V W X Y **Z**

㉖

Z

지

소리내 쓰기

①→② ↓ ③→

Z Z Z Z Z Z

지

빅 지

Zebra
지-브러

Z Z Z Z Z Z Z Z

a b c d e f g h i j k l m n o p q r s t u v w x y **z**

Z

지

소리내 쓰기

①→② ↓ ③→

z z z z z z

지

스몰 지

zoo
주-

z z z z z z z z

A B C D E F G H I J K L M N O P **Q R S** **T U V** **W X Y Z**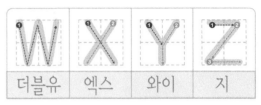

Q	R	S	T	U	V	W	X	Y	Z
큐	알	에스	티	유	브이	더블유	엑스	와이	지

Q R S T U V W X Y Z

Q R S T U V W X Y Z

a b c d e f g h i j k l m n o p **q r s** **t u v** **w x y z**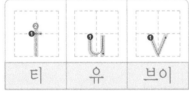

q	r	s	t	u	v	w	x	y	z
큐	알	에스	티	유	브이	더블유	엑스	와이	지

q r s t u v w x y z

q r s t u v w x y z

a b c d e f g h i j k l m n o p q r s t u v w x y z

Q R S T U V W X Y Z

🍎 소리내 풀기 소문자를 보고 대문자와 알파벳의 이름을 적어보세요!

소문자	대문자	이름
q		
r		
s		

소문자	대문자	이름
t		
u		
y		

🍎 소리내 풀기 대문자를 보고 소문자와 알파벳의 이름을 적어보세요!

대문자	소문자	이름
Q		
U		
V		

대문자	소문자	이름
T		
X		
Z		

A B C D E F G H I J K L M N O P <u>Q R S</u> <u>T U V</u> <u>W X Y Z</u>
q r s t u v w x y z

🍎 관계있는 것끼리 줄을 그어 보세요 !

| T | R | S | W | U |

| 티 | 더블유 | 알 | 에스 | 유 |

| w | t | r | u | s |

소문자와 대문자를 확인하며 불러봅니다.

🐤 알파벳송 ABC송 🐤

노래는 QR코드를 이용하거나, 유투브에서 검색하세요!

(1절)	A B C D	E F G	H I J K	L M N O P
(2절)	에이 비 씨 디	이 에프 쥐	에이취 아이 제이 케이	엘 엠 엔 오 피
(3절)	a b c d	e f g	h i j k	l m n o p

	Q R S	T U V	W — — X	Y AND Z
	큐 알 에스	티 유 브이	더 블 유 엑스	와이 앤드 지
	q r s	t u v	w — — x	y and z

(1절)　Now I know my　A B C's
나우 아이 노우 마이　에이 비 씨'ᶻ
이제 알아 ABC

next time won't you　sing with me?
넥스트 타임 원트 유　씽 위드 미
나와 함께 노래 부르자! (다음에 나하고 노래부를래?)

(2절)　Now I know my　A B C's
나우 아이 노우 마이　에이 비 씨'ᶻ
이제 알아 ABC

Tell me what you　think of me
텔 미 왓 유　씽 오브미
잘했다고 칭찬해줘. (나에 대해 말해봐)

(3절)　Happy Happy　I am Happy
해 피 해 피　아 엠 해피
행복 행복 나는 행복해

I can sing my　A B C's
아이 캔 싱 마이　에이 비 씨'ᶻ
나는 알아 ABC. (ABC노래 부를 수 있어)

월 일
시

A B C D E F G H I J K L M N O P Q R S T U V W X Y Z

소리내
풀기 **A**부터 **Z**까지 연결해 보세요!

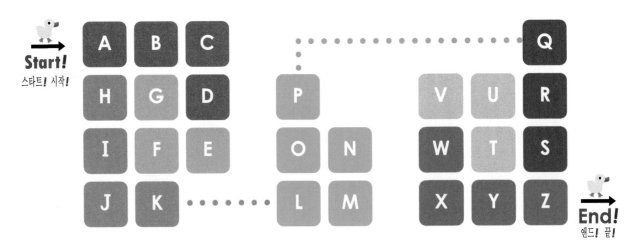

Start!
스타트! 시작!

End!
앤드! 끝!

a b c d e f g h i j k l m n o p q r s t u v w x y z

소리내
풀기 **a**부터 **z**까지 연결해 보세요!

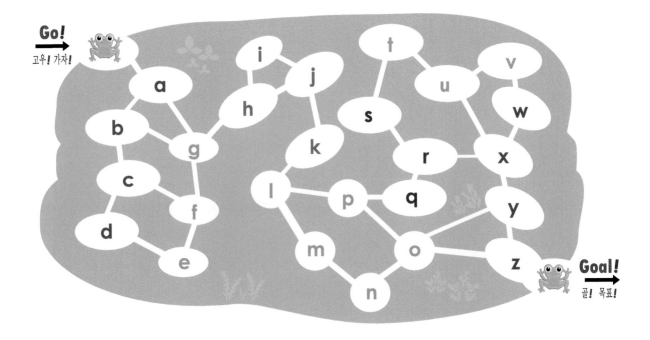

Go!
고우! 가자!

Goal!
골! 목표!

A B C D E F G H I J K L M N O P Q R S T U V W X Y Z
a b c d e f g h i j k l m n o p q r s t u v w x y z

소리내 풀기 대문자와 소문자를 연결해 보세요!

F · · a
K · · d
A · · f
D · · h
H · · k

M · · m
Y · · n
U · · q
Q · · u
N · · y

소리내 풀기 소문자와 대문자를 연결해 보세요!

i · · B
j · · E
g · · G
e · · J
b · · I

l · · P
r · · R
p · · L
z · · W
w · · Z

A B C D E F G H I J K L M N O P Q R S T U V W X Y Z
a b c d e f g h i j k l m n o p q r s t u v w x y z

소리내 풀기 소문자 옆에 대문자를 적어보세요 !

소리내 풀기 대문자 옆에 소문자를 적어보세요 !

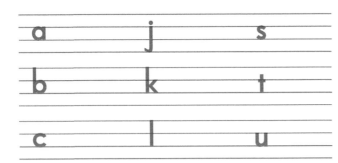

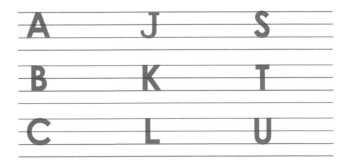

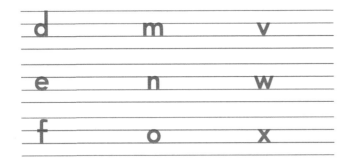

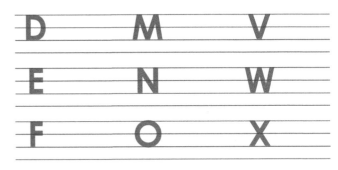

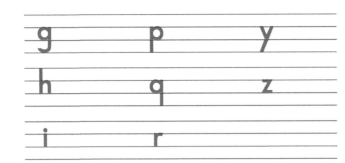

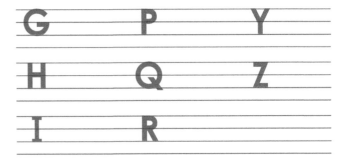

보기
A B C D E F G
H I J K L M N O P
Q R S T U V W X Y Z

보기
a b c d e f g
h i j k l m n o p
q r s t u v w x y z

확인

ABCDEFG HIJK LMNOP
① ② ③ ④ ⑤ ⑥ ⑦ ⑧ ⑨ ⑩ ⑪ ⑫ ⑬ ⑭ ⑮ ⑯ ⑰ ⑱ ⑲ ⑳ ㉑ ㉒ ㉓ ㉔ ㉕ ㉖

ABCDEFG HIJK LMNOP

QRS TUVWXYZ

abcd efg hijk lmno p qrs tuv wxyz
① ② ③ ④ ⑤ ⑥ ⑦ ⑧ ⑨ ⑩ ⑪ ⑫ ⑬ ⑭ ⑮ ⑯ ⑰ ⑱ ⑲ ⑳ ㉑ ㉒ ㉓ ㉔ ㉕ ㉖

abcdefg hijk lmno p

qrs tuvwxyz

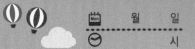

월 일
시

"알파벳송"을 자신있게 불러보세요!!

알파벳송 ABC송

여러가지 "알파벳송"을 찾아보세요!!

(1절) A B C D　E F G　H I J K　L M N O P
(2절) 에이 비 씨 디　이 에프 쥐　에이치 아이 제이 케이　엘 엠 엔 오 피
(3절) a b c d　e f g　h i j k　l m n o p

Q R S　T U V　W — — X　Y AND Z
큐 알 에스　티 유 브이　더 블 유 엑스　와이 앤드 지
q r s　t u v　w — — x　y and z

(1절) Now I know my　A B C's　next time won't you　sing with me?
나우 아이 노우 마이　에이 비 씨'즈　넥스트 타임 원트 유　씽 위드 미
이제 알아 ABC　나와 함께 노래 부르자! (다음에 나하고 노래부를래?)

(2절) Now I know my　A B C's　Tell me what you　think of me
나우 아이 노우 마이　에이 비 씨'즈　텔 미 왓 유　씽 오브 미
이제 알아 ABC　잘했다고 칭찬해줘. (나에 대해 말해봐)

(3절) Happy Happy　I am Happy　I can sing my　A B C's
해 피 해 피　아 엠 해피　아이 캔 싱 마이　에이 비 씨'즈
행복 행복 나는 행복해　나는 알아 ABC. (ABC노래 부를 수 있어)

ABC송에 나오는
영단어를 배워 보아요 !

하루 **10**분
영단어
기초
영단어

A	🍎	apple
		애플

A	apple	애플
B	bus	버스
C	cat	캣
D	dog	도그
E	egg	에그
F	fish	피쉬
G	gorilla	고릴라

H	honey	허니
I	ink	잉크
J	juice	쥬스
K	koala	코우알러
L	lion	라이언
M	monkey	멍키
N	noodle	누우들
O	octopus	악터퍼스
P	pig	피그

Q	queen	퀴인
R	rose	로우즈
S	star	스타
T	tiger	타이거
U	umbrella	엄프렐러
V	vase	베이스
W	water	워터
X	fox	팍스
Y	yacht	얏트
Z	zoo	즈우

Mon 월 일 시

A B C D E F G H I J K L M N O P Q R S T U V W X Y Z

apple
사과

ant
개미

airplane
비행기

Á-pple 애-플
└ 영어는 우리말과 달리 옆으로 길게 붙여 쓰고,
자연스럽게 이어 읽습니다. (발음을 적은 것은 단어 외울 때 참고용입니다)

Án-t 앤-트

Áir-plane 에어-플레인
└ 같은 A라도 뒤에 어떤 알파벳이
붙냐에 따라 발음이 바뀝니다.

apple   apple   apple   apple   apple

ant   ant   ant   ant   ant

airplane   airplane   airplane   airplane

apple ●_____   ant _____   airplane _____
└ 뜻을 한글로 적어보고, 확실하게 기억하도록 합니다.

A <u>B</u> C D E F G H I J K L M N O P Q R S T U V W X Y Z

banana
바나나

bear
곰

bus
버스

• **Ba-ná-na** 버-내-너
└ 영어는 강조(액센트)가 있어서 ✔ 표시한 곳을 더 크고 힘있게 발음해야 합니다.
정확한 발음은 여러 가지 ABC송을 들으며 배우도록 합니다.

Bé-ar 베-어

Bú-s 버스

banana   banana   banana   banana

└ 글도 말과 같이 전달이 잘되고, 힘이 있어야 합니다.
숨을 한번 크게 쉬고, 편한 마음으로 천천히 정확하게 적도록 노력합니다.

bear   bear   bear   bear   bear

bus   bus   bus   bus   bus

banana _____   **bear** _____   **bus** _____

Cc로 시작하는 단어

A B C D E F G H I J K L M N O P Q R S T U V W X Y Z

candy
사탕

Cán-dy 캔-디

cat
고양이

Cát 캣

car
자동차

Cár 카

candy candy candy candy candy

cat cat cat cat cat

car car car car car

 candy _____　　　　cat _____　　　　car _____

A B C **D** E F G H I J K L M N O P Q R S T U V W X Y Z

 **dessert** 후식

 dog 개

 drum 북

De-ssér-t 디-저어-트   Dó-g 도-그   D-rúm 드-럼

dessert dessert dessert dessert dessert

dog dog dog dog dog

drum drum drum drum drum

dessert _____   dog _____   drum _____

A B C D **E** F G H I J K L M N O P Q R S T U V W X Y Z

egg
알

eagle
독수리

earth
지구

É-gg 에-그

Éa-gle 이이-글

Éar-th 어-쓰

egg egg egg egg egg

eagle eagle eagle eagle eagle

earth earth earth earth earth

egg _____   eagle _____   earth _____

확인

A B C D E F G H I J K L M N O P Q R S T U V W X Y Z

flower
꽃
F-ló-wer 플-라-워

fish
물고기
Fí-sh 피-쉬

forest
숲
Fó-re-s-t 포-리-스-트

flower flower flower flower flower

fish fish fish fish fish

forest forest forest forest forest

folwer _____   **fish** _____   **forest** _____

A B C D E F G H I J K L M N O P Q R S T U V W X Y Z

 **grape**
포도

 **gorilla**
고릴라

 **gun**
총

G-rá-pe 그-레이-프   Go-rĺl-la 고-릴-라   Gú-n 거-ㄴ

grape   grape   grape   grape   grape

gorilla   gorilla   gorilla   gorilla   gorilla

gun   gun   gun   gun   gun

 grape _____   **gorilla** _____   **gun** _____

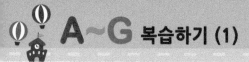 
a b c d e f g h i j k l m n o p q r s t u v w x y z

🍎 소리내 읽으며 따라적고, 뜻을 적어 보세요 !

apple	사과	egg	
ant		eagle	
airplane		earth	
banana		flower	
bear		fish	
bus		forest	
candy		grape	
cat		gorilla	
car		gun	
dessert			
dog			
drum			

보기

알 후식 사탕 사과 포도 바나나 꽃

개 곰 독수리 고릴라 물고기 고양이 개미

북 자동차 비행기 총 버스 숲 지구

A B C D E F G H I J K L M N O P Q R S T U V W X Y Z

 그림의 영단어를 적어보세요 !

 a _____

 d _____

 f _____

 a _____

 d _____

 f _____

 a _____

 d _____

 f _____

 b _____

 e _____

 g _____

 b _____

 e _____

 g _____

 b _____

 e _____

 g _____

 c _____

 c _____

 c _____

보기

apple ant airplane   egg eagle earth

banana bear bus   flower fish forest

candy cat car   grape gorilla gun

dessert dog drum

a b c d e f g h i j k l m n o p q r s t u v w x y z

관계있는 것끼리 줄을 그어 보세요 !

apple	dessert	banana	grape	candy

cat | dog | fish | eagle | gorilla

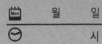

월 일
시

A B C D E F G <u>H</u> I J K L M N O P Q R S T U V W X Y Z

honey
꿀

Hón-ey 허-니

horse
말

Hór-se 호-스

house
집

Hóu-se 하우-스

honey   honey   honey   honey   honey

horse   horse   horse   horse   horse

house   house   house   house   house

 honey _____   horse _____   house _____

A B C D E F G H <u>I</u> J K L M N O P Q R S T U V W X Y Z

ice
얼음

í-ce 아이-스

ink
잉크

ín-k 잉-크

island
섬

í-s-land 아일- -런드
s는 발음이 안나요^^

ice　ice　ice　ice　ice

ink　ink　ink　ink　ink

island　island　island　island　island

ice _____　ink _____　island _____

A B C D E F G H I **J** K L M N O P Q R S T U V W X Y Z

juice
과일 음료수

Júi-ce 쥬-스

jaguar
재규어

Já-gu-ar 재-규-어

jet
전투기

Jé-t 젯-트

juice   juice   juice   juice   juice

jaguar   jaguar   jaguar   jaguar   jaguar

jet   jet   jet   jet   jet

 juice _____   **jaguar** _____   **jet** _____

A B C D E F G H I J **K** L M N O P Q R S T U V W X Y Z

ketchup
케첩
Két-chup 케-첩

koala
코알라
Ko-á-la 코우-알-러

king
왕
Kíng 킹

ketchup ketchup ketchup ketchup

koala koala koala koala koala

king king king king king

ketchup_____   koala_____   king_____

A B C D E F G H I J K **L** M N O P Q R S T U V W X Y Z

lemon
레몬

Lé-mon 레-먼

lion
사자

Lí-on 라이-언

lamp
등

Lám-p 램-프

lemon lemon lemon lemon lemon

lion lion lion lion lion

lamp lamp lamp lamp lamp

 lemon _____   lion _____   lamp _____

A B C D E F G H I J K L <u>M</u> N O P Q R S T U V W X Y Z

 milk
우유

 monkey
원숭이

 money
돈

Míl-k 밀-크

Món-key 멍-키

Mó-ney 머-니

milk milk milk milk milk

monkey monkey monkey monkey

money money money money money

milk _____ monkey _____ money _____

N n 으로 시작하는 단어

월 일
시

A B C D E F G H I J K L M <u>N</u> O P Q R S T U V W X Y Z

 **noodle** 국수

 **note** 공책

 **name** 이름

Nóo-dle 누우-들

Nó-te 노우-트

Ná-me 네-임

noodle noodle noodle noodle noodle

note note note note note

name name name name name

noodle _____   note _____   name _____

A B C D E F G H I J K L M N **O** P Q R S T U V W X Y Z

 **orange**
오렌지

ó-ran-ge 오-린-쥐

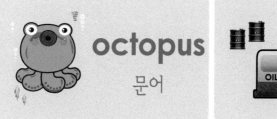 **octopus**
문어

óc-to-pu-s 악-터-퍼-스

 **oil**
기름

ó-il 오-일

orange   orange   orange   orange   orange

octopus   octopus   octopus   octopus

oil   oil   oil   oil   oil

orange _____   **octopus** _____   **oil** _____

A B C D E F G H I J K L M N O **P** Q R S T U V W X Y Z

potato
감자

Po-tá-to 포-테이-토

pig
돼지

Pí-g 피-그

piano
피아노

Pi-á-no 피-애-노우

potato potato potato potato potato

pig pig pig pig pig

piano piano piano piano piano

potato _____   pig _____   piano _____

H~P 복습하기 (1)

확인

a b c d e f g **h i j k l** m n **o p** q r s t u v w x y z

🍎 소리내 읽으며 따라적고, 뜻을 적어 보세요 !

honey	꿀	lemon	
horse		lion	
house		lamp	

ice		milk	
ink		monkey	
island		money	

juice	
jaguar	
jet	

ketchup	
koala	
king	

보기

레몬 얼음 꿀 케챱 우유 과일음료수

잉크 사자 원숭이 말 코알라 재규어

섬 등 돈 집 왕 전투기

A B C D E F G **H** I J **K** L **M** N **O P** Q R S T U V W X Y Z

 그림의 영단어를 적어보세요 !

 h ___

j ___

 l ___

h ___

 j ___

l ___

 h ___

 j ___

l ___

 i ___

 k ___

 m ___

 i ___

 k ___

 m ___

 i ___

 k ___

 m ___

보기
honey horse house   ketchup koala king

ice ink island   lemon lion lamp

juice jaguar jet   milk monkey money

확인

a b c d e f g **h i j k l** m n **o p** q r s t u v w x y z

관계있는 것끼리 줄을 그어 보세요 !

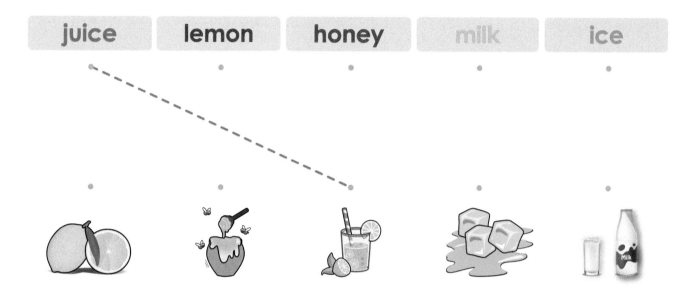

juice	lemon	honey	milk	ice

koala	monkey	horse	lion	jaguar

A B C D E F G **H I J K L M N O P** Q R S T U V W X Y Z

🍎 소리내 읽으며 따라적고, 옆에 뜻을 적으세요!

noodle   국수

note

name

orange

octopus

oil

potato

pig

piano

보기 감자 국수 오렌지

돼지 공책 문어

피아노 이름 기름

🍎 그림의 영단어를 적어보세요!

n   o   p

n   o   p

n   o   p

보기 위 문제의 영단어를 참고하세요.

74

확인

a b c d e f g **h i j k l** m n **o p** q r s t u v w x y z

 관계있는 것끼리 줄을 그어 보세요 !

potato	pig	orange	noodle	octopus

note	piano	name	money	oil

A B C D E F G H I J K L M N O P <u>Q</u> R S T U V W X Y Z

 **quiz**
문제, 시험

Quí-z 퀴-즈

 **quarter**
4분의 1
4개 중 1개

Quár-ter 쿼-터

 **queen**
여왕

Quée-n 퀴-인

quiz quiz　quiz　quiz　quiz

quarter quarter　quarter　quarter　quarter

queen queen　queen　queen　queen

A B C D E F G H I J K L M N O P Q <u>R</u> S T U V W X Y Z

rose
장미꽃

Ró-se 로우-즈

rabbit
토끼

Rá-bbit 레-비트

rainbow
무지개

Rá-in-bow 레-인-보우

rose   rose   rose   rose   rose

rabbit   rabbit   rabbit   rabbit   rabbit

rainbow   rainbow   rainbow   rainbow

rose _____   rabbit _____   rainbow _____

월 일
시

A B C D E F G H I J K L M N O P Q R <u>S</u> T U V W X Y Z

sandwich
샌드위치

Sán-d-wi-ch 샌드-위-치

snake
뱀

S-ná-ke 스-네이-크

star
별

S-tár 스-타

sandwich sandwich sandwich sandwich

snake snake snake snake snake

star star star star star

 sandwich_____   snake _____   star _____

확인

A B C D E F G H I J K L M N O P Q R S **T** U V W X Y Z

tree
나무

T-rée 트-리

tiger
호랑이

Tí-ger 타이-거

train
기차

T-rá-in 트-레-인

tree tree tree tree tree

tiger tiger tiger tiger tiger

train train train train train

tree _____   tiger _____   train _____

월 일 시

A B C D E F G H I J K L M N O P Q R S T <u>U</u> V W X Y Z

unicorn 유니콘

uniform 유니폼

umbrella 우산

Ú-ni-corn 유-니-콘   Ú-ni-form 유-니-폼   Um-b-rél-la 엄-브-렐-라

unicorn   unicorn   unicorn   unicorn

uniform   uniform   uniform   uniform

umbrella   umbrella   umbrella   umbrella

   unicorn _____   uniform _____   umbrella _____

A B C D E F G H I J K L M N O P Q R S T U **V** W X Y Z

vase
꽃병
Vá-se 베이-스

victory
승리
Víc-to-ry 빅-토-리

volcano
화산
Vol-cá-no 발-케이-노

vase   vase   vase   vase   vase

victory   victory   victory   victory   victory

volcano   volcano   volcano   volcano

vase _____   **victory** _____   **volcano** _____

W w로 시작하는 단어

A B C D E F G H I J K L M N O P Q R S T U V **W** X Y Z

water
물

Wá-ter 워-터

wolf
늑대

Wól-f 울-프

window
창문

Wín-dow 윈-도우

water water water water water

wolf wolf wolf wolf wolf

window window window window

water _____   wolf _____   window _____

A B C D E F G H I J K L M N O P Q R S T U V W <u>X</u> Y Z

 **taxi** 택시

 **fox** 여우

 **exit** 출구

Tá-xi 택-시   **Fó-x** 팍-스   **Éxi-t** 엑시-트

taxi   taxi   taxi   taxi   taxi

fox   fox   fox   fox   fox

exit   exit   exit   exit   exit

taxi _____   fox _____   exit _____

A B C D E F G H I J K L M N O P Q R S T U V W X Y Z

yogurt
요구르트

Yó-gur-t 요-걸-트

yacht
요트

Yách-t 얏-트

year
년도

Yé-ar 이-어

yogurt yogurt yogurt yogurt yogurt

yacht yacht yacht yacht yacht

year year year year year

yogurt＿＿＿＿＿ yacht＿＿＿＿＿ year＿＿＿＿＿

A B C D E F G H I J K L M N O P Q R S T U V W X Y **Z**

zebra
얼룩말

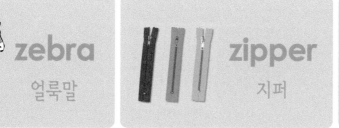

zipper
지퍼

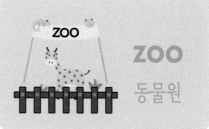

zoo
동물원

Zé-b-ra 지-브-러   Zí-pper 지-퍼   Z-óo 즈-우

zebra zebra zebra zebra zebra

zipper zipper zipper zipper zipper

zoo zoo zoo zoo zoo

zebra _____   zipper _____   zoo _____

A B C D E F G H I J K L M N O P **Q** **R** **S** **T** U V **W** **X** **Y** **Z**

🍎 소리내 읽으며 따라적고, 뜻을 적어 보세요 !

quiz	퀴즈
quarter	
queen	

rose	
rabbit	
rainbow	

sandwich	
snake	
star	

tree	
tiger	
train	

unicorn	
uniform	
umbrella	

보기	장미 유니콘 샌드위치 나무 퀴즈
	4개중1개 호랑이 뱀 유니폼 토끼
	무지개 여왕 우산 기차 별

a b c d e f g h i j k l m n o p **q** r **s** t **u** v **w** x y z

🍎 그림의 영단어를 적어보세요 !

q _____   s _____   u _____

q _____   s _____   u _____

q _____   s _____   u _____

r _____   t _____

r _____   t _____

r _____   t _____

월 일
시

A B C D E F G H I J K L M N O P **Q** R S **T** U V **W** X Y Z

관계있는 것끼리 줄을 그어 보세요 !

quarter   rose   **tree**   sandwich   uniform

train   **queen**   rainbow   star   umbrella

a b c d e f g h i j k l m n o p **q r s t u v w x y z**

소리내 읽으며 따라적고, 뜻을 적어 보세요 !

vase	꽃병	yogurt	
victory		yacht	
volcano		year	

water		zebra	
wolf		zipper	
window		zoo	

taxi	
fox	
exit	

보기
꽃병 요구르트 얼룩말 택시 물

지퍼 늑대 요트 여우 승리

동물원 화산 년도 출구 창문

Q~Z 복습하기 (5)

A B C D E F G H I J K L M N O P **Q R S** T U V **W** X Y **Z**

🍎 소리내 풀기 그림의 영단어를 적어보세요 !

V _____

X _____

Z _____

V _____

X _____

Z _____

V _____

X _____

Z _____

W _____

Y _____

W _____

Y _____

W _____

Y _____

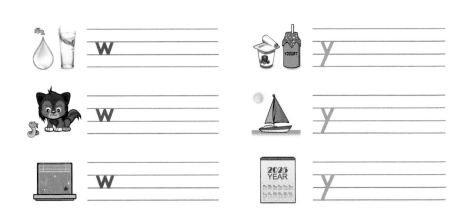

a b c d e f g h i j k l m n o p **q r s t u v w x y z**

 관계있는 것끼리 줄을 그어 보세요 !

| victory | yogurt | water | fox | zebra |

| year | zoo | window | taxi | volcano |

알파벳송 ABC송

"알파벳송"을 자신있게 불러보세요!!

여러가지 "알파벳송"을 찾아보세요!!

(1절) A B C D   E F G   H I J K   L M N O P
(2절) 에이 비 씨 디 이 에프 쥐 에이취 아이 제이 케이 엘 엠 엔 오 피
(3절) a b c d   e f g   h i j k   l m n o p

Q R S   T U V   W — — X   Y AND Z
큐 알 에스 티 유 브이 더 블 유 엑스 와이 앤드 지
q r s   t u v   w — — x   y and z

(1절) Now I know my   A B C's   next time won't you   sing with me?
       나우 아이 노우 마이 에이 비 씨'ᶻ   넥스트 타임 원트 유   씽 위드 미
       이제 알아 ABC   나와 함께 노래 부르자! (다음에 나하고 노래부를래?)

(2절) Now I know my   A B C's   Tell me what you   think of me
       나우 아이 노우 마이 에이 비 씨'ᶻ   텔 미 왓 유   씽 오브 미
       이제 알아 ABC   잘했다고 칭찬해줘. (나에 대해 말해봐)

(3절) Happy Happy I am Happy   I can sing my   A B C's
       해 피 해 피 아 엠 해피   아이 캔 싱 마이   에이 비 씨'ᶻ
       행복 행복 나는 행복해   나는 알아 ABC. (ABC노래 부를 수 있어)

소리내 풀기 그림을 보고 영단어를 말하세요 !

※ 뒷면에 영단어와 발음이 있습니다.
검은선을 가위로 잘라서 카드로 사용해도 됩니다.

영단어 복습하기 (2)

 아래 영단어를 소리내 읽고, 뜻을 말하세요 !

house 하우스	horse 호스	honey 허니	airplane 에어플레인	ant 앤트	apple 애플
island 아일런드	ink 잉크	ice 아이스	bus 버스	bear 베어	banana 버내너
jet 젯트	jaguar 재규어	juice 쥬스	car 카	cat 캣	candy 캔디
king 킹	koala 코우알러	ketchup 케첩	drum 드럼	dog 도그	dessert 디저어트
lamp 램프	lion 라이언	lemon 레먼	earth 어쓰	eagle 이이글	egg 에그
money 머니	monkey 멍키	milk 밀크	forest 포리스트	fish 피쉬	flower 플라워
			gun 거-ㄴ	gorila 고릴라	grape 그레이프

※ 뒷면에 뜻을 나타내는 그림이 있습니다.
검은선을 가위로 잘라서 카드로 사용해도 됩니다.

영단어 복습하기 (3)

그림을 보고 영단어를 말하세요 !

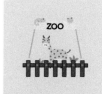

※ 뒷면에 영단어와 발음이 있습니다.
  검은선을 가위로 잘라서 카드로 사용해도 됩니다.

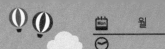
 아래 영단어를 소리내 읽고, 뜻을 말하세요 !

train 트레인	**tiger** 타이거	**tree** 트리	**name** 네임	**note** 노우트	**noodle** 누우들
umbrella 엄브렐라	**uniform** 유니폼	**unicorn** 유니콘	**oil** 오-일	**octopus** 악터퍼스	**orange** 오린쥐
volcano 발케이노	**victory** 빅토리	**vase** 베이스	**piano** 피애노우	**pig** 피그	**potato** 포테이토
window 윈도우	**wolf** 울프	**water** 워터	**queen** 퀴인	**quarter** 쿼터	**quiz** 퀴즈
exit 엑시트	**fox** 팍스	**taxi** 택시	**rainbow** 레인보우	**rabbit** 레비트	**rose** 로우즈
year 이어	**yacht** 얏트	**yogurt** 요걸트	**star** 스타	**snake** 스네이크	**sandwich** 샌드위치
zoo 즈우	**zipper** 지퍼	**zebra** 지브러			

※ 뒷면에 뜻을 나타내는 그림이 있습니다.
검은선을 가위로 잘라서 카드로 사용해도 됩니다.

18~19 page

소문자를 보고 대문자와 알파벳의 이름을 적어보세요!

대문자	이름	대문자	이름
A	에이	E	이
B	비	F	에프
D	디	G	쥐

대문자를 보고 소문자와 알파벳의 이름을 적어보세요!

소문자	이름	소문자	이름
a	에이	d	디
b	비	f	에프
c	씨	g	쥐

관계있는 것끼리 줄을 그어 보세요!

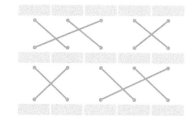

30~31 page

소문자를 보고 대문자와 알파벳의 이름을 적어보세요!

대문자	이름	대문자	이름
H	에이취	K	케이
I	아이	L	엘
J	제이	M	엠

대문자를 보고 소문자와 알파벳의 이름을 적어보세요!

소문자	이름	소문자	이름
h	에이취	n	엔
j	제이	o	오
k	케이	p	피

관계있는 것끼리 줄을 그어 보세요!

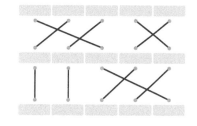

43~44 page

소문자를 보고 대문자와 알파벳의 이름을 적어보세요!

대문자	이름	대문자	이름
Q	큐	T	티
R	알	U	유
S	에스	Y	와이

대문자를 보고 소문자와 알파벳의 이름을 적어보세요!

소문자	이름	소문자	이름
q	큐	t	티
u	유	x	엑스
v	브이	z	지

관계있는 것끼리 줄을 그어 보세요!

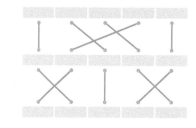

46~47 page

A부터 Z까지 연결해 보세요!

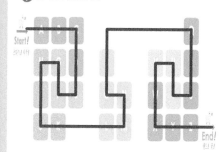

a부터 z까지 연결해 보세요!

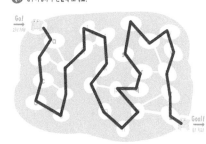

대문자와 소문자를 연결해 보세요!

소문자와 대문자를 연결해 보세요!

58~60 page

소리내 읽으며 따라적고,뜻을 적어 보세요 !

사과	알
개미	독수리
비행기	지구
바나나	꽃
곰	물고기
버스	숲
사탕	포도
고양이	고릴라
자동차	총
후식	
개	
북	

그림의 영단어를 적어보세요 !

보기의 순서와 같습니다.

관계있는 것끼리 줄을 그어 보세요 !

71~75 page

소리내 읽으며 따라적고,뜻을 적어 보세요 !

꿀	레몬
말	사자
집	등
얼음	우유
잉크	원숭이
섬	돈
과일음료수	
재규어	
전투기	
케챱	
코알라	
왕	

그림의 영단어를 적어보세요 !

보기의 순서와 같습니다.

관계있는 것끼리 줄을 그어 보세요 !

소리내 읽으며 따라적고,뜻을 적어 보세요 !

국수	감자
공책	돼지
이름	피아노
오렌지	
문어	
기름	

관계있는 것끼리 줄을 그어 보세요 !

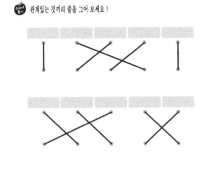

소리내 읽으며 따라적고,뜻을 적어 보세요 !

위 문제의 순서와
같습니다.

소리내 읽으며 따라적고,뜻을 적어 보세요!

퀴즈	나무
1/4	호랑이
여왕	기차

장미	유니콘
토끼	유니폼
무지개	우산

샌드위치
뱀
별

그림의 영단어를 적어보세요!

보기의 순서와 같습니다.

관계있는 것끼리 줄을 그어 보세요!

소리내 읽으며 따라적고,뜻을 적어 보세요!

꽃병	요구르트
승리	요트
화산	년도

물	얼룩말
늑대	지퍼
창문	동물원

택시
여우
축구

그림의 영단어를 적어보세요!

보기의 순서와 같습니다.

관계있는 것끼리 줄을 그어 보세요!

♥♥ **수고하셨습니다** ♥♥

- memo -

※ 꼭 어른에게 가위나 칼로 잘라 달라고 하고,
재미있게 카드놀이 합니다!

A ①	B ②	C ③	D ④

※ 카드 놀이 방법

1. 알파벳 이름 말하기

2. 대문자를 보고 소문자 적기

3. 소문자를 보고 대문자 적기

E ⑤	F ⑥	G ⑦	
H ⑧	I ⑨	J ⑩	K ⑪

L ⑫	M ⑬	N ⑭	O ⑮	P ⑯
Q ⑰	R ⑱	S ⑲	T ⑳	U ㉑
V ㉒	W ㉓	X ㉔	Y ㉕	Z ㉖

※ 꼭 어른에게 가위나 칼로 잘라 달라고 하고, 재미있게 카드놀이 합니다!

d ④	c ③	b ②	a ①

※ 카드 놀이 방법

1. 알파벳 이름 말하기

2. 대문자를 보고 소문자 적기

3. 소문자를 보고 대문자 적기

	g ⑦	f ⑥	e ⑤
k ⑪	j ⑩	i ⑨	h ⑧
p ⑯	o ⑮	n ⑭	m ⑬	l ⑫
u ㉑	t ⑳	s ⑲	r ⑱	q ⑰
z ㉖	y ㉕	x ㉔	w ㉓	v ㉒